INSTITUTION DE LA TOUSSAINT

DIRIGÉE PAR

M. L'ABBÉ CARL,

DOCTEUR EN MÉDECINE ET ÈS LETTRES.

DISTRIBUTION
DES PRIX

DE L'ANNÉE SCOLAIRE 1838 — 1839.

STRASBOURG,
IMPRIMERIE DE G. SILBERMANN, PLACE SAINT-THOMAS, 3.
1839.

(6).

DISCOURS

PRONONCÉ

PAR M. L'ABBÉ CARL.

Messieurs,

La question de l'instruction de la jeunesse, si inté-
ressante dans tous les temps, l'est devenue plus que
jamais de nos jours où, par le changement de l'esprit
public, tout tend à se renouveler. La Charte de 1830
a reconnu que le système universitaire de l'empire ne
correspond plus aux besoins de l'époque, que là comme
partout en France, le régime de la liberté constitution-
nelle doit succéder au gouvernement absolu; et elle a
promis solennellement une loi pour organiser au plus tôt
la liberté de l'enseignement. Cette loi, nous l'attendons
encore; et jamais elle n'a été désirée plus vivement
qu'aujourd'hui par tous ceux qui veulent le développement complet de nos institutions, par les véritables

amis de la science et de l'instruction populaire, par les hommes religieux de tous les partis, par les chefs d'établissements privés, et enfin par le vœu si légitime des pères de famille, de pouvoir élever leurs enfants comme il leur convient; et, s'ils ne sont pas en position de le faire par eux-mêmes, d'en charger qui bon leur semble. Tous ces motifs réunis donnent à cette question une extrême importance, une actualité pressante, qui excite fortement l'attention des hommes sérieux; et le gouvernement nous semble trop éclairé et trop sage pour en reculer plus longtemps la solution.

Nous ne venons pas, Messieurs, discuter en ce moment devant vous quel serait de nos jours le système le plus convenable d'instruction publique. Ce grand problème ne peut plus être agité efficacement que devant nos assemblées législatives qui ont le droit d'en décider. Nous ne venons pas non plus vous parler, comme précédemment, de vues et de méthodes qui nous seraient propres; la nécessité du moment, qui nous impose en partie un plan qui n'est pas le nôtre, nous en ôte le pouvoir et le goût. Nous venons vous dire quelques mots sur l'éducation, qui nous intéresse plus spécialement, et sur la nécessité urgente, si l'on ne veut compromettre l'avenir de la France, de la mettre en rapport avec l'état politique du pays.

Messieurs, tout homme qui se charge d'élever ses semblables, doit, il nous semble, avoir devant les yeux

deux choses principales, qui s'accordent parfaitement
au fond et qu'il est toujours dangereux de séparer et
surtout d'opposer l'une à l'autre. Il doit voir, dans l'enfant qui lui est confié, l'homme immortel, la créature
de Dieu, dont Dieu lui demandera compte; et l'homme
de la famille et de la société dont il est responsable à la
patrie; en d'autres termes, il doit former des hommes
pour le ciel et pour la terre. Son plan d'éducation sera
donc dominé par deux grandes influences, par l'esprit de la religion, qui prépare les hommes à leur
fin dernière, et les élève pour l'éternité; par l'esprit
public du pays, afin que les enfants s'habituent de
bonne heure aux institutions qui les régiront un
jour; et que leur caractère et leurs mœurs se façonnent
dès le bas âge aux exigences de leur pays et de leur
époque. Il faut qu'ils apprennent à connaître et à aimer
ces institutions en apprenant à vivre, pour qu'ils aient
la conviction qu'ils doivent y conformer leur vie; et
qu'elles soient dans leur esprit inséparables de toute
idée de légitimité, de justice et de bonheur public. On
a dit avec raison que la liberté devient licence quand
les hommes ne sont pas capables de la porter, quand
ils ne sont pas mûrs pour la comprendre et l'exercer.
Qui doit leur donner cette capacité? Qui doit les élever
à la hauteur de la liberté et leur en donner l'intelligence et le sens pratique, si ce n'est l'éducation; et
comment le fera-t-elle, si elle n'est point en sympathie

avec l'esprit du pays, ni conforme à ses institutions politiques?

L'histoire est là pour témoigner qu'une constitution ne prend racine dans un pays que par l'éducation. Sparte est devenue capable de porter les lois de Lycurgue, qui ont fait sa gloire et sa force, parce que ces lois se sont emparées de l'homme dès sa première enfance, et l'ont façonné à leur gré. La démocratie a été si tyrannique, si licencieuse à Athènes, parce que l'éducation de la jeunesse y était toute sophistique, littéraire et artistique. Rome a été si puissante et a pu étreindre le monde dans le cercle de fer de sa domination, parce que la famille y était constituée plus solidement que partout ailleurs; et enfin l'Europe moderne n'est devenue capable de la vraie liberté, de cette liberté fondée sur la conscience de la dignité des hommes et de leur égalité devant la loi comme devant Dieu, qu'après que les principes du christianisme eurent passé dans les mœurs des nations et des peuples par l'éducation.

Mais si l'histoire nous montre qu'une constitution politique n'est solide que si elle s'appuie sur un système d'éducation analogue, elle prouve aussi que la liberté n'est possible pour un peuple, qu'autant qu'il y a dans l'âme des citoyens un respect profond pour la loi et pour ceux qui la représentent. Cette vérité, Messieurs, qui est d'une application universelle, est encore plus vraie de nos jours, si l'on peût parler ainsi, où la loi est la reine du monde, où les hommes qui savent ce qu'elle est et ce qu'elle vaut, ne veulent plus obéir qu'à elle, et ne confondent plus les hommes avec elle. :

En effet, Messieurs, rendre un peuple libre, ce n'est pas l'affranchir de la loi; c'est, au contraire, l'en rendre plus étroitement dépendant, en lui confiant à lui-même le soin de veiller à ce qu'elle soit respectée et accomplie; ce qui suppose qu'il en a l'intelligence, qu'il en comprend la nécessité, qu'il veut sincèrement s'y soumettre, et que sa raison et sa conscience nationales sont assez développées pour qu'il sente et sache qu'il se ruine, qu'il se tue lui-même en enfreignant la loi, ou en la laissant violer. Les hommes ne sont donc capables de la liberté, ils ne sont dignes d'être gouvernés libéralement que quand ils sont assez éclairés pour préférer un intérêt bien entendu, un avantage raisonnable à la satisfaction d'une passion, ou à la jouissance du moment; que s'ils ont assez de force morale pour mettre le bien public au-dessus du bien particulier, subordonner leur désir propre à la règle commune de l'équité, et sacrifier, s'il le faut, leur intérêt et leur égoïsme au salut et à la gloire de l'État.

L'exercice de la vraie liberté exige donc beaucoup de lumière et de grandes vertus. Il demande une longue préparation que l'éducation doit faire, et c'est pourquoi l'éducation devient si grave et si difficile en des temps

comme les nôtres, où il s'agit de former des hommes
à la liberté. Nous avons à élever des citoyens, des
sujets de la loi; leur apprendre à s'y soumettre n'est
pas l'affaire d'un jour. Il faut les courber de bonne
heure et peu à peu sous son joug salutaire, pendant
que leur cou est encore flexible et avant que leur
volonté ne soit roidie par la réflexion ou dominée
par la passion. Apprendre à obéir, comme il convient
à des hommes, c'est-à-dire librement, avec discerne-
ment et amour, tel est, Messieurs, l'objet de l'éducation.

On ne saurait s'y prendre de trop bonne heure; car
dès que la volonté humaine paraît, elle cherche l'indépendance, elle aime la licence. C'est le premier instinct de sa liberté, qui a besoin d'être maintenue et
dirigée pour être sauvée de ses propres écarts, pro-
tégée contre elle-même et pour devenir tout ce qu'elle
doit être. Ignorant et sans expérience, l'enfant suit
d'abord l'impulsion de ses appétits physiques; et s'il
était abandonné à ses penchants, il deviendrait semblable à l'animal et même pire que lui, puisqu'il
rendrait sa raison esclave de son corps. Il faut donc
l'arrêter et le discipliner dès le commencement; il
faut opposer à sa volonté naissante la barrière in-
franchissable de la loi, et le maintenir, non-seule-
ment par l'autorité de la parole qu'il ne comprend
pas encore, mais par une force extérieure qui lui in-

spire de la crainte. A chaque âge, il faut une discipline
proportionnée. On ne traite point un enfant comme
un homme fait; et celui qui ne sent que par le corps
et dans le corps, doit être conduit par le plaisir et par
la douleur du corps. Le livre sacré l'a dit, Messieurs,
et l'expérience de chaque jour le prouve : la crainte est
le commencement de la sagesse; et nous pourrions
ajouter, le commencement de l'amour. On n'aime bien
que ce qu'on respecte, et on ne respecte que ce qu'on
craint. Une des choses qui nuisent le plus à l'éducation de notre siècle et qu'on ne peut trop déplorer,
c'est que la plupart des parents ne savent point se
faire respecter de leurs enfants. Que dis-je? ils ne le
veulent pas, par la fausse opinion que la crainte exclut
l'affection; ils espèrent tout gagner par l'amour, et ils
ignorent que l'amour de l'enfant, s'il n'est respectueux,
ne jette point de racines profondes dans son cœur; et
que, comme ces semences qui germent rapidement dans
une terre légère ou pierreuse, mais ne viennent point
à maturité, parce que la nourriture leur manque,
il se séchera rapidement sous le vent brûlant des passions et ne leur donnera aucun fruit, après les avoir
enchantés un instant de ses fleurs prématurées. Ici,
Messieurs, nous aurions beaucoup à dire, si c'était le
lieu et le moment. Nous aurions à vous exposer les
tristes résultats de la faiblesse de beaucoup de parents
qui se colore presque toujours d'une apparence de sys-

tème et qui devient quelquefois plus funeste aux enfants que ne le serait l'indifférence et l'oubli. Les uns
ont pour maxime de ne point contrarier leurs enfants,
afin de ne point les rendre malheureux pendant qu'ils
sont sous leur tutelle, et de peur d'affaiblir par la sé-
vérité et les punitions l'affection naturelle qu'ils leur
portent. Il en résulte que ces enfants font tout ce qui
leur plaît, qu'ils sont abandonnés aux mille caprices
de leur volonté ignorante et sans raison, et que les parents, qui se font leurs serviteurs, que dis-je? leurs es-
claves, n'ont plus de frein pour les guider, plus de
force pour les retenir, plus d'autorité pour les gouver-
ner. De tels enfants deviennent indisciplinables, et le
but qu'on mettait en avant est complétement manqué;
car d'abord, ils ne sont pas heureux, à cause de leurs
désirs sans cesse renaissants et du désordre d'esprit et
de cœur où ils vivent; et ensuite, loin d'aimer leurs parents plus tendrement, ils ont pour eux d'autant moins
d'affection qu'ils conçoivent moins d'estime, et qu'ils
ne craignent point de les désoler à chaque instant par
des paroles ou des actions inconvenantes, fruits natu-
rels d'un caractère sauvage et capricieux. Mais hélas!
ce n'est que le commencement des douleurs; l'avenir
sera encore plus triste, et ces faibles parents verront
un jour leurs enfants se tourner contre eux et leur re-
procher avec amertume une tendresse aveugle, qui,
n'ayant pas su combattre de bonne heure leurs pen-

chants vicieux, ni leur inspirer le respect de la loi, est devenue la cause principale de leur infortune et de leur dégradation.

D'autres s'imaginent que quand l'enfant devient raisonnable, on peut s'en rapporter pour toutes choses à sa raison qui lui donnera, en se développant, la conscience et l'intelligence de la loi. Ils veulent tout obtenir de lui par la conviction, par la démonstration, et ils s'évertuent à lui faire de beaux discours et de longs raisonnements pour lui prouver ce qu'il doit faire ou ne pas faire. Ils ont surtout en horreur tous les moyens de contrainte, et ils croiraient dégrader l'homme intelligent et libre, en lui imposant quelque chose d'autorité. Que s'en suit-il? Qu'ils s'épuisent en paroles et ne gagnent rien en réalité. Ils renoncent volontairement à l'autorité que Dieu et la nature leur a donnée, et ils perdent ainsi aux yeux de leurs enfants, le caractère sacré dont ils sont revêtus. Ils les traitent comme des égaux, ils les consultent, les admettent à délibérer avec eux sur ce qui les concerne, ils les excitent de toutes manières à raisonner, discuter, par conséquent à se mettre en opposition, et il arrive presque toujours qu'ils trouvent au bout de leurs discussions des contradictions et des négations. L'enfant ou l'adolescent use avec orgueil de sa raison naissante; l'instinct de l'opposition et le désir de l'indépendance donne à son esprit plus de vivacité, plus de subtilité, plus d'obstination; et sa conclusion finale est qu'il a raison et que ses parents et ses maîtres ont tort. Car, Messieurs, il ne faut pas s'y tromper, notre raison se met ordinairement du côté de notre intérêt; elle nous conseille le plus souvent ce que nous aimons le mieux, et au lieu d'être le régulateur de la passion, elle en devient l'instrument. Ajoutez à cela, que la raison se développe à l'âge des passions, quand les sens s'échauffent, quand l'imagination s'anime, quand le désir est excité par mille objets nouveaux qui l'enchantent! Comment veut-on qu'elle ne cède point à ces influences, et qu'elle apprenne à obéir, à se soumettre et à respecter l'ordre, quand tout la pousse à l'indépendance et à la jouissance? Non, Messieurs, cela n'est point possible, il n'en va point ainsi, et nous affirmons hautement que celui qui n'a point connu la loi dès le premier âge, et qui n'a point été accoutumé à la respecter et à l'observer, aura bien de la peine à la comprendre et à l'accepter plus tard. La raison, si elle vient à dominer en lui, le rendra seulement plus circonspect, plus conséquent dans le désordre, plus systématique et mieux entendu dans la manière de se satisfaire. Il pourra acquérir de la prudence; il n'aura point de moralité.

Mais par cela même qu'il faut révéler la loi à l'homme dès sa plus tendre enfance, il faut l'accommoder à sa faiblesse, et sans lui rien ôter de sa force et de sa majesté, la tempérer par une forme attrayante qui la fasse aimer. La loi a toujours quelque chose de sévère, d'effrayant pour la jeunesse ; afin de la rendre aimable, suivons les indications de la nature qui unit dans les parents la force avec l'amour et adoucit le pouvoir par l'affection. La loi doit être identifiée avec la personne du père, représentant de Dieu dans la famille : il faut que le père devienne la loi vivante pour les enfants et que tout ce qu'il y a de doux, d'affectueux, de chaud et d'entraînant dans l'amour que la nature et les liens du sang inspirent au fils pour ses parents, se reverse en quelque sorte sur la loi et constitue au fond du cœur le sentiment du respect, en s'associant à cette crainte salutaire, qu'inspirera toujours une parole d'autorité, sanctionnée par le châtiment.

Mais, Messieurs, ce qui donne le plus de force à la loi, ce qui l'imprime le mieux dans l'esprit et dans l'habitude des hommes, c'est la constance et l'unité de son application. Le monde extérieur doit son ordre et sa beauté aux lois générales qui le gouvernent ; et ces lois, comme tout ce qui vient de Dieu et contrairement à ce que font les hommes, ne souffrent pas d'exception en dehors de la volonté toute puissante qui les a posées. C'est ce que nous devons tâcher d'imiter dans nos œuvres, et malheureusement cette condition du bien est une des plus difficiles à remplir dans la famille. L'éducation des enfants, qui est certainement le plus grand intérêt de la famille, ne peut pas toujours être l'occupation principale des parents, distraits de ce soin par les affaires et par les devoirs de leur position sociale. Le train journalier de la maison paternelle est rarement assez bien réglé, pour que toutes choses se fassent chaque jour de la même manière et aux mêmes heures, et il y a toujours des circonstances imprévues qui viennent déranger les plans formés et rendre inexécutables les meilleures intentions. Il devient donc malaisé, sinon impossible, d'y établir une discipline exacte, et pour ainsi dire, inévitable, sans laquelle cependant on ne peut donner aux enfants l'habitude de la régularité et de l'obéissance ponctuelle. Viennent encore d'autres inconvénients plus graves. C'est une grande responsabilité pour les parents, Messieurs, de représenter Dieu lui-même aux yeux de leurs enfants. Leur parole, marquée du sceau de cette autorité sacrée, est obligée par cela même de n'en être pas indigne; elle doit être sérieuse, désintéressée, toujours dictée par le plus grand bien des enfants, et par-dessus tout, conforme dans ses prescriptions à la loi divine qu'elle promulgue et applique. Il faut surtout qu'elle ne se contredise jamais, et que par l'inconstance trop naturelle à la condition humaine, elle ne compromette pas le commandement, et ne laisse point flotter l'autorité aux hasards du caprice et de l'humeur du moment. Puis, en supposant que chacun des parents s'accorde avec lui-même, il faut encore qu'ils s'accordent entre eux; sinon le pouvoir divisé s'affaiblit, et l'enfant qui trouve la loi des deux côtés et en des choses opposées, ne sait plus ce qu'il doit faire, ne pouvant obéir à l'une des deux parties sans manquer à l'autre, ce qui jette une confusion extrême dans son esprit et dans son cœur; ou bien s'il est rusé, et les enfants le sont comme tous les êtres faibles, il exploitera bientôt cette division au profit de sa volonté propre, et il trouvera le moyen d'opposer l'une des parties à l'autre, pour avoir le droit de n'obéir à aucune.

Sous ce rapport, comme sous beaucoup d'autres, l'éducation commune l'emporte hautement sur l'éducation privée. Un collége bien tenu est une loi personnifiée. La discipline est invariable et de tous les moments. Chaque chose se fait au temps marqué et constamment de même. Tout conspire à établir et à maintenir l'ordre, et la moindre déviation cause des froissements et du trouble. Le train journalier de la maison habitue les enfants à une conduite régulière, à une manière d'agir constante et bien ordonnée. Le règlement détermine imperturbablement les mouvements; l'arbitraire ne paraît nulle part, au moins au dehors, et l'enfant rencontrant partout la loi, est obligé de s'y plier partout. La meilleure chose qu'on puisse apprendre au collége, c'est cette obéissance à la loi; heureux, si en apprenant à la craindre, on apprend aussi à l'aimer; car le respect se compose de crainte et d'amour. Mais cet avantage, Messieurs, on ne peut l'obtenir qu'à une condition, c'est que l'autorité des maîtres ne soit pas contrariée par celle des parents, et que l'unité d'action, si nécessaire dans l'éducation, ne soit pas rompue ou affaiblie par une division mal entendue. Nous vous le dirons franchement, Messieurs, les plus grandes difficultés de l'éducation commune viennent souvent de l'intervention peu prudente ou peu éclairée des parents. La faiblesse de quelques-uns est toujours là pour atténuer ou même pour éluder la règle; et quand les enfants sont en faute, ce n'est pas toujours eux, il faut bien le dire, qui ont mérité la punition. D'autres veulent trop s'occuper de ce qu'ils n'ont pas toujours le temps ou les moyens de connaître; et dans leurs communications avec leurs enfants, ils ne font pas assez abstraction de leurs vues propres qui ne cadrent pas toujours avec l'esprit et la marche de l'établissement; ce qui trouble l'enfant dans son jugement et dans sa confiance. Ici, Messieurs, vous avez à faire un courageux sacrifice, et l'avenir de vos enfants est à ce prix. Quand vous ne pouvez pas vous charger vous-mêmes de leur éducation, et que vous sentez la nécessité de la confier à d'autres, il ne faut pas faire les choses à demi; il faut vous exécuter franchement. Votre droit est de choisir à qui vous voulez les remettre ; votre devoir est de bien choisir, et vous n'y sauriez apporter trop de sollicitude. Mais le choix fait, l'homme et la maison de votre confiance trouvés, vous ne pouvez plus que laisser aller, sur la foi des garanties que présentent l'établissement et les personnes, et en vous réservant de juger par les faits et les résultats. C'est à cette condition, Messieurs, que nous acceptons le dépôt sacré de vos enfants. Nous voulons que notre responsabilité soit entière; nous voulons que vos enfants deviennent les nôtres, tant qu'ils sont entre nos mains, à la charge pour nous de vous les rendre un jour dignes de vous et de la société qui les attend. Ne craignez pas, Messieurs, que la confiance et l'affection que nous pouvons leur inspirer, nuisent à leur attachement pour les auteurs de leurs jours. Nous n'oublions jamais que nous devons à votre délégation la puissance que nous exerçons sur eux, et nous vous réserverons toujours, autant qu'il dépendra de nous, la gloire de leurs talents naissants et les prémices de leur tendresse. Nous gardons pour nous la partie la plus rude de la tâche, celle qui doit les former à l'obéissance et les dresser à la discipline, parce que par notre caractère, par notre position et les secours dont nous sommes entourés, nous sommes plus en mesure que vous de faire cette œuvre, et qu'à nos yeux, ce qu'il y a de plus important et de plus beau dans l'éducation, et surtout dans l'éducation de nos jours, c'est d'apprendre aux hommes à con-

2

naître et à respecter la loi, source et garantie de la vraie liberté.

Enfin, Messieurs, ni vous, ni nous ne pouvons rien dans cette œuvre importante sans un plus grand que nous, sans Dieu, de qui dérive toute loi, et auquel en définitive doit revenir toute obéissance. C'est de lui que vient votre autorité et la nôtre, et c'est pourquoi notre parole n'a de force et de légitimité que si elle s'appuie sur la sienne. L'homme est tellement grand, Messieurs, qu'il ne reconnaît que Dieu pour supérieur; il n'obéit donc légitimement qu'à Dieu; et la loi, pour être imposante et efficace, doit lui être annoncée au nom de Dieu. La volonté du père qui fait la loi de la famille, le bien commun qui est la loi de l'État, sont des expressions diverses de la volonté divine pour le bonheur des hommes. L'enfant en obéissant à son père ou à son maître, le citoyen en accomplissant les lois du pays doit donc savoir qu'il obéit à Dieu lui-même, et c'est seulement quand elle est marquée du sceau divin et revêtue de ce caractère sacré, que la loi acquiert toute son autorité sur la volonté des hommes. Donc, sans la foi religieuse, sans la religion, il n'y a point de respect profond pour la loi : on est porté à la regarder comme une œuvre de l'homme, comme l'effet plus ou moins fortuit des circonstances et de l'arbitraire, et on ne se fait point scrupule de la violer ou de l'éluder, si on le peut, parce que la conscience ne se croit point engagée à l'observer; on compose avec elle par prudence, on lui accorde pour qu'elle vous concède; c'est un arrangement calculé, c'est une condescendance d'intérêt ou de convenance; ce n'est point un respect religieux et dévoué. Les enfants qui ont le malheur de ne point craindre ni aimer Dieu, ne craignent point et n'aiment point leurs parents, dans toute la vérité de ces termes. Les disciples qui ne voient point dans leur maître le représentant de Dieu, le ministre de sa parole, l'organe de sa lumière et de sa vérité pour eux, ne peuvent avoir une confiance complète en son enseignement et ne recevront pas ses leçons avec amour; le citoyen qui ne voit point la volonté de Dieu dans les lois de son pays, ne se fera jamais tuer pour elles. Léonidas, s'apprêtant à mourir aux Thermopyles avec ses trois cents Spartiates pour le salut de la Grèce, fit graver ces mots sur un rocher : « Passant, va dire à Lacédémone que ses enfants sont morts en ce lieu pour obéir à ses saintes lois. » Croyez-vous, Messieurs, que ces braves gens se fussent voués à la mort, s'ils n'eussent regardé comme saintes les lois de la patrie, et s'ils n'eussent cru fermement que les dieux eux-mêmes leur défendaient par ces lois de lâcher pied devant les Perses? Tous les législateurs de l'antiquité, les Lycurgue, les Solon, les Numa, rattachaient leurs lois à la parole de la divinité, tant ils étaient convaincus qu'on ne commande légitimement aux hommes

2.

qu'au nom de Dieu, et que la foi en sa volonté et en sa puissance peut seule obtenir une obéissance pleine et digne. Sparte, Athènes, Rome n'ont été libres et fortes qu'à cette condition; elles étaient religieuses jusqu'à la superstition; elles ne pouvaient exiger qu'au nom des dieux, les sacrifices immenses qu'elles imposaient à leurs citoyens. Leurs institutions civiles s'identifiaient avec leurs dogmes religieux pour se revêtir aux yeux des hommes d'un caractère surnaturel et qui obligeât la conscience par une force plus qu'humaine. C'est qu'en effet, Messieurs, on ne fait rien de véritablement grand que par la motion sacrée de la conscience et pour obéir à Dieu. C'est dans le cœur humain la source profonde du dévouement et du sacrifice, et si des païens, qui n'étaient point éclairés de la vraie lumière du ciel, ont pu accomplir de si belles choses par ce motif, jugez, Messieurs, de ce que des chrétiens peuvent faire, s'ils sont chrétiens en vérité, et non point seulement par le nom. La religion est donc le couronnement d'une éducation vraiment libérale, comme elle en est la base; elle seule forme les bons citoyens, ceux qui obéissent à la loi comme à Dieu, et qui sont prêts à se dévouer pour elle, comme à la volonté divine; elle seule rend l'autorité sacrée en la faisant descendre du ciel, et l'obéissance honorable en la rendant libre. Et si, comme tous les siècles l'affirment, la vertu par excellence du citoyen est le désintéressement, y eut-il jamais au monde une religion plus apte à former des citoyens que celle de Jésus-Christ, qui nous enseigne, par le précepte et par l'exemple, à renoncer à nous-même et à ce qui nous appartient pour être utile aux autres, et à donner jusqu'à notre vie pour le bien de tous. La charité, essence du christianisme, est encore plus large que le patriotisme, et à coup sûr, celui qui peut s'exposer à mille morts pour porter la vérité et le salut à des hommes qu'il ne connaît pas, ne refusera ni ses biens, ni son temps, ni son sang à sa patrie, quand elle les réclamera. C'est donc encore une fausse opinion du dix-huitième siècle, si plein de préjugés et d'erreurs, que cette injuste assertion, répétée avec complaisance par les ennemis de la foi, que la religion chrétienne est favorable au despotisme et contraire à la liberté. C'est une calomnie que l'histoire avait démentie d'avance, puisque toutes les libertés modernes sont sorties de l'Évangile, et que le dix-neuvième siècle réfutera par le fait, quand il aura pris son allure providentielle, et qu'il sera devenu ce que Dieu veut qu'il soit, un siècle religieux et libéral. Là est tout notre avenir, Messieurs; nous n'aurons une véritable liberté que par l'influence prépondérante du christianisme dans les affaires humaines, et c'est pour cet avenir glorieux et consolant que nous devons élever et préparer vos enfants.

ÉCOLE PRIMAIRE DE LA TOUSSAINT.

DISCOURS

PRONONCÉ

PAR M. L'ABBÉ DE REGNY.

MESSIEURS,

Il y a maintenant deux ans que, vous rendant compte de l'état de notre École primaire, nous vous annoncions l'ouverture d'une classe particulière, nommée *École enfantine*. Nous en avions puisé l'idée et le modèle dans les institutions fondées à Crémone par Aporti; et le nom même de cette école devait indiquer que notre but n'était pas d'offrir un *asile* à des enfants que les parents ne peuvent garder, mais de travailler d'une manière directe et efficace au développement moral de l'homme-enfant. Nous vous exposions la nécessité de commencer une éducation bien entendue et sérieusement suivie dès l'âge le plus tendre et pour ainsi dire dès le berceau; la difficulté où dans l'état actuel de la société se trouvent la plupart des parents de donner une telle éducation; et par suite, l'utilité, la nécessité même d'écoles publiques dirigées dans ce sens. — Le projet conçu alors s'est réalisé, grâce à votre confiance qui a répondu à notre appel, et nous avons pu appliquer à quatre-vingts petits élèves, reçus successivement dans cette classe, les méthodes que les éducateurs chrétiens nos devanciers, et notre propre expérience nous ont indiquées comme les meilleures. Nous venons aujourd'hui vous rendre compte des fruits consolants qui ont été obtenus, et vous entretenir quelques instants d'un objet si cher à vos cœurs et au nôtre.

Nous avons donné une attention sérieuse aux soins physiques qu'exige la délicatesse du premier âge, et le résultat le plus positif qui ressort pour nous de l'expérience des deux années écoulées est, que les enfants de trois à cinq ans, quand on sait les régler, ont beaucoup moins d'exigences qu'on ne le suppose. Nous avons trouvé sous ce rapport fort peu de différence entre la classe enfantine et les classes d'élèves plus âgés; les plus petits s'habituent bientôt à se suffire; l'intérêt des occupations de l'école et de la vie commune les soustrait à mille délicatesses, à mille nécessités factices qu'ils trouvent dans leur famille. — Le local où ils se tiennent est exposé au midi et exempt d'humidité. La cour où ils prennent de l'exercice est pourvue d'un portique assez spacieux pour que la pluie n'empêche pas un mouvement qui leur est nécessaire. Aussi la santé a été bonne en général, et si quelquefois, au changement des saisons, nous avons vu les rangs se dégarnir, la cause en était l'une ou l'autre des maladies inévitables à cet âge, et qui, grâces à Dieu, ont été bénignes. — Une grande partie des parents ont profité de l'offre que nous avions faite de garder auprès de nous leurs enfants entre la classe du matin et celle du soir, et nous voudrions que tous prissent le même parti, parce que, outre l'avantage moral que l'enfant recueille en restant d'une manière plus continue sous l'influence d'une règle, sa santé aussi profite beaucoup des jeux et récréations prises en commun sous une surveillance attentive et intelligente. Cette surveillance, mes collègues et moi nous l'avons faite autant qu'il nous a été possible par nous-mêmes, d'une part pour être sûrs qu'elle serait exercée avec sollicitude, d'une autre part afin d'étudier le caractère des enfants dans ces moments de plus grand abandon et profiter des occasions naturelles qui s'offrent alors pour agir sur leur cœur.

L'instruction donnée à l'école enfantine a été celle que nous avions annoncée à l'époque de l'ouverture. Si nous avons cherché à y mettre de la variété, notre but a été d'attacher par là l'esprit si mobile de l'enfant, et en même temps d'ouvrir son intelligence et de lui donner capacité pour une instruction plus sérieuse. — Nous avons obtenu plus que nous ne demandions sous le rapport de la lecture; le zèle des enfants les a poussés à surmonter toutes les difficultés de cette étude aride, et nous avons constaté qu'on apprend plus aisément à lire à cinq et six ans qu'à huit. Aussi, l'école enfantine est devenue presque exclusivement la classe de lecture, et à l'école primaire proprement dite, les enfants qui apprennent encore à lire forment une minorité toujours décroissante. — A cinq ans, nous avons mis la plume entre les mains de nos élèves, qui commencent à s'exercer sur des cahiers lithographiés pour leur usage, et où se trouve en couleur claire le tracé des lettres qu'ils doivent former. — Le dessin linéaire sur ardoises et même à la plume a atteint par un fréquent exercice un degré de fermeté et de netteté que nous étions loin d'attendre. Vous voyez, Messieurs, que toutes hardies que fussent nos espérances, nous avons eu la consolation de les voir dépassées sur plusieurs points. — Les leçons de mémoire dans les deux langues, française et allemande, — une nomenclature expliquée, renfermant les substantifs, les adjectifs, les verbes relatifs au monde physique, — les exercices de prononciation, — le calcul sur le boulier, — la topographie de Strasbourg, — l'histoire sainte en récits, accompagnée de la vue d'images coloriées, — le chant de mélodies faciles, — de petits travaux manuels, — voilà ce qui nous a occupés, voilà ce qui a fait couler rapidement les heures de la journée.

Mais notre plus vif intérêt s'est porté sur l'éducation morale de ces petits êtres, et comme ce n'est pas là une affaire de système et de méthode, mais d'influence personnelle, la première question a été de savoir quelle direction était préférable pour un âge aussi tendre, celle de l'homme, qui est plus ferme, ou celle de la femme, qui est plus affectueuse. Cette question a été agitée partout où l'on a fondé des écoles pour la première enfance, et le plus souvent elle a été non pas résolue par la théorie, mais tranchée par la nécessité : on s'est décidé d'après les ressources qu'on a trouvées. Ainsi dans les salles d'asile, qui honorent la charité de notre ville, on a préféré des directrices, d'abord par la difficulté de trouver des hommes propres à cette œuvre de patience, et en second lieu, parce qu'on avait admis en principe de réunir les enfants des deux sexes, et alors l'avantage était pour le choix qu'on a fait. Mais Aporti en Italie, et en général tous les éducateurs catholiques ont séparé les écoles des garçons de celles des filles par une raison profonde, toujours bien sentie, quoique plus ou moins clairement aperçue, et qui est la différence du développement moral des deux sexes, différence qui commence dès la naissance. — Ici, dans notre petite sphère, comme le dévouement chrétien de plusieurs personnes nous offrait toutes les facilités du choix, nous avons pu donner à nos petits enfants tout ce que leur avantage paraissait demander. La journée a été partagée. Ils passent la matinée sous la direction de dames aussi distinguées par leur esprit que dévouées de cœur, et qui ont bien voulu leur prodiguer avec l'instruction les soins affectueux et les caresses si nécessaires au développement de cet âge. L'après-midi, partie de la journée plus difficile avec les enfants, par suite de leur plus grande activité et de leur dissipation, ils ont été sous la direction des maîtres, dont la parole est plus ferme et le caractère plus imposant; car, si la tendresse est nécessaire, l'autorité est plus nécessaire encore.

Ce tempérament de douceur et de fermeté, dont la famille nous donne le modèle, et que nous ne faisons que transporter dans l'éducation publique, a produit un excellent résultat, et nous avons eu le bonheur de voir ces jeunes enfants s'ouvrir à la confiance et à la joie dès les premiers jours de leur entrée à l'école, y venir volontiers, avec empressement, tout en conservant une crainte et un respect qui ont rendu les punitions extrêmement rares.

Tout le monde comprend que l'éducation devient fort aisée à faire, lorsque l'enfant aime et respecte en même temps celui qui la donne. Mais comment gagner l'amour et le respect de l'enfant? D'une manière bien simple : en l'aimant et le respectant lui-même.

Si l'homme réagit, comme tout ce qui vit, en raison de l'action qu'il reçoit, c'est surtout dans l'enfance que cela arrive, lorsque, délicat et impressionnable, il se porte sans réflexion vers ce qui l'attire. Aussi les enfants aiment par instinct ceux qui les aiment, et ils ont un tact admirable pour apprécier ce qui touche leur cœur. Et, chose remarquable, leur affection est parfaitement proportionnée, pour la nature et la force, à l'affection qu'on leur porte. Aimez-vous l'enfant d'une manière superficielle et pour votre plaisir, il vous rendra caresse pour caresse, enjouement pour enjouement; mais son affection passagère sera facilement oubliée. Le regardez-vous comme un objet de complaisance, de vanité ou d'orgueil, c'est alors vous-même que vous aimez plus que l'enfant et il vous aimera peu. Mais, Messieurs, croyez-vous qu'il soit possible d'aimer peu les enfants, lorsque, sans y être obligé par les liens du sang ou par l'intérêt, on se dévoue à les garder, les instruire, les corriger, les élever, à vivre avec eux et pour eux? Oh! il y a là, non pas du mérite, comme on le dit quelquefois, mais de l'amour, et un amour véritable que Dieu seul peut donner. Parents et maîtres vraiment chrétiens, aiment l'esprit de l'enfant plus que son corps, et son âme plus que son esprit, cette âme innocente et pure, créée à l'image de Dieu même; et cet amour profond excite un attachement analogue dans l'enfant, ouvre en lui une source de vie qui part du fond même de son être.

Il en est ainsi du respect. Si nous reconnaissons et respectons dans l'enfant notre semblable, une créature sublime, et chérie particulièrement de Dieu pour son innocence, que nous avons mission de préserver du mal et de former au bien; si nous nous souvenons que l'enfant n'est pas au monde pour notre plaisir et notre usage, qu'il n'est pas destiné à subir nos caprices et nos colères, mais qu'il nous est confié pour que nous servions aux desseins de Dieu sur lui; alors nous serons respectés. Nous commanderons au nom de Dieu et avec une autorité divine, et nous serons obéis avec une soumission qui ne s'adresse pas à nous, mais à Dieu. Il y a longtemps que la parole du divin maître nous a enseigné le secret de commander avec autorité en se dévouant au bien d'autrui.

L'affection et le respect de nos petits élèves ont rendu bien facile et bien douce la tâche de les élever. Nous nous sommes efforcés de leur apprendre par la pratique beaucoup plus que par des maximes et par la mémoire, les vertus propres à leur âge, la piété envers Dieu, l'obéissance envers leurs parents et leurs maîtres, l'affection envers leurs camarades, le zèle pour l'étude, la politesse et le bon ton dans toutes leurs manières;

et nous devons vous avouer que nous avons été frappés de la facilité avec laquelle presque tous les enfants de cet âge se prêtent aux bonnes influences. Combien d'enfants nous ont été donnés pour difficiles et intraitables que nous n'avons presque jamais été dans le cas de punir ! En un mot, si la tâche que nous avons entreprise a ses fatigues, nous pouvons vous assurer qu'elle a encore plus de douceurs et que nous avons été souvent bien heureux au milieu de ces enfants naïfs, qui témoignent par leur joie et leur affection du bien qu'on leur fait, et qui laissent espérer que la semence d'une vie plus haute et meilleure déposée dans leur cœur, portera un jour ses fruits.

Les diverses classes de l'école primaire ont partagé avec la classe enfantine notre sollicitude, et si nous en parlons moins en ce moment, c'est que le sujet est plus connu.

Les élèves sont reçus à l'école primaire de la septième à la dixième année; et nous devons déclarer que les enfants sortis de l'école enfantine se sont montrés beaucoup plus faciles à conduire, plus aptes à l'enseignement, et, en général, plus avancés que ceux venus du dehors.

Depuis qu'un local plus vaste et plus approprié aux besoins de l'école nous a permis de bien fixer et de stabiliser les divisions des classes, nos soins se sont portés à perfectionner l'enseignement dans toutes ses partics, et nous avons imprimé pour l'usage de nos enfants quelques livres élémentaires; non que nous ayons cru mieux faire que d'autres, mais chaque école a ses formes et ses exigences particulières, et l'enseignement est plus profitable, quand on a des livres qui y répondent. — Nous avons conservé une assez grande variété dans l'instruction, tout en donnant aux parties fondamentales une large part de notre temps. Cette variété intéresse les enfants et maintient en eux *l'amour de l'étude,* qui nous paraît chose de première nécessité dans l'éducation. On nous a reproché la multiplicité de ces objets d'instruction, comme nuisant à l'avancement positif de l'enfant dans les parties nécessaires, c'est-à-dire l'écriture, la grammaire, le calcul. A cela nous ne ferons qu'une seule réponse, une réponse de faits : nous tâcherons de présenter toujours à l'instruction secondaire des sujets bien préparés, et si, ce qui n'est pas encore arrivé, on les trouve plus faibles que d'autres, nous modifierons notre méthode.

Sans recevoir d'élèves au delà de dix ans, nous avons gardé ceux qui ont dépassé cet âge et que les parents ne destinaient pas aux études des colléges; nous en avons formé une classe supérieure où ils pourront rester jusqu'à quatorze ou quinze ans. Pour eux l'enseignement des deux langues française et allemande et de l'arithmétique est devenu plus fort et plus pratique. Le dessin linéaire a été poussé jusqu'aux levées de plans et aux dessins d'ornements d'architecture copiés d'après les monuments. On leur a enseigné la géométrie élémentaire avec ses constructions et ses applications. Et les élèves de cette classe sont devenus de très-utiles moniteurs pour les classes inférieures, dans lesquelles ils se répandent après avoir achevé leur travail.

Nous n'entrerons pas dans de plus longs développements, n'ayant voulu que vous renouveler ici le vif désir que nous avons de mériter de plus en plus votre approbation, en nous occupant de vos enfants avec zèle et avec la joie et le bonheur qu'on trouve toujours, quand on travaille pour Dieu, à qui nous rendons du fond du cœur gloire et reconnaissance pour tout ce que nous avons pu faire.

DISTRIBUTION DES PRIX

DÉCERNÉS AUX ÉLÈVES

DE L'INSTITUTION DE LA TOUSSAINT.

INSTRUCTION RELIGIEUSE.
DIVISION SUPÉRIEURE.

1*" Prix*... Ernest *George*, d'Ensisheim.
2*e Prix* ... Joseph *Wimpfen*, de Colmar.
1*er Accessit*. Alphonse *Martha*, de Strasbourg.
2*e Accessit*.. Eugène *Picard-Polti*, de Strasbourg.
3*e Accessit*.. Alphonse *Germain*, de Réchicourt.
4*e Accessit*.. Charles *Gall*, de Strasbourg.

DIVISION INTERMÉDIAIRE.

1*er Prix*... Adrien de *Germiny*, de Strasbourg. ...
2*e Prix*.... Amédée *Beissac*, de Lyon.
1*er Accessit*. Alfred *Barrier*, d'Epfig.
2*e Accessit*.. Alexis *Mayer*, de Lützelhausen.
3*e Accessit*.. Julien *Ristelhueber*, de Saverne.

DIVISION INFÉRIEURE.

1*er Prix*... Hector de *Cibeins*, de Strasbourg. ...
2*e Prix*.... Emile *Chabert*, de Bade.

1er *Accessit*. Edmond *Mohler*, de Sainte-Marie-aux-Mines.
2e *Accessit*.. Gaston de *Lacomble*, de Strasbourg.
3e *Accessit*.. Charles *Le Clerc*, de Strasbourg.
4e *Accessit*.. Louis *Carl*, de Strasbourg.

DIVISION SUPÉRIEURE.

EXCELLENCE.

Prix...... Charles *Bein*, de Strasbourg.
1er *Accessit*. Ernest *George*, d'Ensisheim.
2e *Accessit*.. Charles *Gall*, de Strasbourg.
3e *Accessit*.. Charles *Loysel*, de Rennes.
4e *Accessit*.. Henri de *Comeau*, de Nancy.

LITTÉRATURE. — PREMIÈRE ANNÉE.

LANGUE LATINE.

1er *Prix*... Charles de *Humbourg*, de Sélestat.
2e *Prix*.... Charles *Loysel*, de Rennes.
1er *Accessit*. Ernest *George*, d'Ensisheim.
2e *Accessit*.. Ernest *Le Clerc*, de Besançon.
3e *Accessit*.. Alphonse *Martha*, de Strasbourg.

LANGUE GRECQUE.

1er *Prix*... Charles *Loysel*, de Rennes.
2e *Prix*.... Charles de *Humbourg*, de Sélestat.
1er *Accessit*. Charles *Gall*, de Strasbourg.
2e *Accessit*.. Ernest *George*, d'Ensisheim.
3e *Accessit*.. Ernest *Le Clerc*, de Besançon.

LANGUE FRANÇAISE.

1er *Prix*... Ernest *Le Clerc*, de Besançon.
2e *Prix*... Ernest *George*, d'Ensisheim.

1ᵉʳ *Accessit*. Charles *Loysel*, de Rennes.
2ᵉ *Accessit*.. Charles de *Humbourg*, de Sélestat.
3ᵉ *Accessit*.. Eugène *Picard-Polti*, de Strasbourg.

MATHÉMATIQUES. — GÉOMÉTRIE ET ALGÈBRE.

1ᵉʳ *Prix*... Ernest *George*, d'Ensisheim.
2ᵉ *Prix*... Charles *Gall*, de Strasbourg.
1ᵉʳ *Accessit*. Eugène *Picard-Polti*, de Strasbourg.
2ᵉ *Accessit*.. Charles de *Humbourg*, de Sélestat.

HISTOIRE.

1ᵉʳ *Prix*... Charles de *Humbourg*, de Sélestat.
2ᵉ *Prix*... Charles *Loysel*, de Rennes.
1ᵉʳ *Accessit*. Eugène *Picard-Polti*, de Strasbourg.
2ᵉ *Accessit*.. Ernest *Le Clerc*, de Besançon.
3ᵉ *Accessit*.. Ernest *George*, d'Ensisheim.

HISTOIRE NATURELLE.

Prix...... Alphonse *Martha*, de Strasbourg.
1ᵉʳ *Accessit*. Charles *Gall*, de Strasbourg.
2ᵉ *Accessit*.. Charles de *Humbourg*, de Sélestat.

LANGUE ALLEMANDE.

1ᵉʳ *Prix*... Charles *Gall*, de Strasbourg.
2ᵉ *Prix*.... Charles *Bein*, de Strasbourg.
1ᵉʳ *Accessit*. Ernest *George*, d'Ensishem.
2ᵉ *Accessit*.. Joseph *Wimpfen*, de Colmar.
3ᵉ *Accessit*.. Alphonse *Martha*, de Strasbourg.
4ᵉ *Accessit*.. Joseph *Eckert*, de Wœrth.

GRAMMAIRE. — TROISIÈME ANNÉE.

LANGUE LATINE.

Prix des vétérans. Joseph *Eckert*, de Wœrth.
1ᵉʳ *Prix des nouveaux.* Charles *Bein*, de Strasbourg.
2ᵉ *Prix des nouveaux.* Joseph *Wimpfen*, de Colmar.
1ᵉʳ *Accessit.* Maurice *Jauch*, de Strasbourg.
2ᵉ *Accessit..* Henri de *Comeau*, de Nancy.
3ᵉ *Accessit..* Alphonse *Germain*, de Réchicourt.

LANGUE GRECQUE.

Prix des vétérans. Maurice *Jauch*, de Strasbourg.
1ᵉʳ *Prix des nouveaux.* Gustave *Ostermann*, de Saverne.
2ᵉ *Prix des nouveaux.* Henri de *Comeau*, de Nancy.
1ᵉʳ *Accessit.* Carles *Bein*, de Strasbourg.
2ᵉ *Accessit..* Joseph *Eckert*, de Wœrth.
3ᵉ *Accessit..* Joseph *Wimpfen*, de Colmar.

LANGUE FRANÇAISE.

1ᵉʳ *Prix...* Joseph *Wimpfen*, de Colmar.
2ᵉ *Prix....* Alphonse *Germain*, de Réchicourt.
1ᵉʳ *Accessit.* Maurice *Jauch*, de Strasbourg.
2ᵉ *Accessit..* Justin *Tournier*, de Neufchâteau.
3ᵉ *Accessit..* Joseph *Eckert*, de Wœrth.
4ᵉ *Accessit..* Charles *Bein*, de Strasbourg.

ARITHMÉTIQUE.

1ᵉʳ *Prix...* Charles *Bein*, de Strasbourg.
2ᵉ *Prix....* Justin *Tournier*, de Neufchâteau.
1ᵉʳ *Accessit.* Joseph de *Gail*, d'Obernai.
2ᵉ *Accessit..* Joseph *Wimpfen*, de Colmar.
3ᵉ *Accessit..* Henri de *Comeau*, de Nancy.

HISTOIRE.

Prix...... Joseph *Eckert*, de Wœrth.
1" *Accessit*. Alphonse *Germain*, de Réchicourt.
2° *Accessit*.. Joseph *Thierry*, de Lunéville.
3° *Accessit*.. Joseph de *Gail*, d'Obernai.
4° *Accessit*.. Henri de *Comeau*, de Nancy.

HISTOIRE NATURELLE.

Prix...... Joseph de *Gail*, d'Obernai.
1" *Accessit*. Joseph *Wimpfen*, de Colmar.
2° *Accessit*.. Maurice *Jauch*, de Strasbourg.

DIVISION INTERMÉDIAIRE.
EXCELLENCE.

1" *Prix*... Alphonse *Barrier*, d'Epfig.
2° *Prix*.... Julien *Ristelhueber*, de Saverne.
1" *Accessit*. Victor *Picard-Polti*, de Strasbourg.
2° *Accessit*.. Gustave *Leclerc*, de Strasbourg.
3° *Accessit*.. Camille *Vallée*, de Lille.
4° *Accessit*. Alexis *Mayer*, de Lützelhausen.

GRAMMAIRE. — DEUXIÈME ANNÉE.
LANGUE LATINE.

.1" *Prix*... Gustave *Leclerc*, de Strasbourg.
2° *Prix*.... Victor *Picard-Polti*, de Strasbourg.
1" *Accessit*. Alfred *Barrier*, d'Epfig.
2° *Accessit*.. Hippolyte *Wolff*, de Strasbourg.
3° *Accessit*.. Emmanuel de *Chastellux*, de Haguenau.
4° *Accessit*.. Edmond *Fuchs*, de Colmar.

LANGUE GRECQUE.

1ᵉʳ *Prix*... Gustave *Leclerc*, de Strasbourg.
2ᵉ *Prix*.... Edmond *Fuchs*, de Colmar.
1ᵉʳ *Accessit*. Alfred *Barrier*, d'Epfig.
2ᵉ *Accessit*.. Camille *Vallée*, de Lille.
3ᵉ *Accessit*.. Adrien de *Germiny*, de Strasbourg.
4ᵉ *Accessit*.. Amédée *Beissac*, de Lyon.

LANGUE FRANÇAISE.

1ᵉʳ *Prix*... Gustave *Leclerc*, de Strasbourg.
2ᵉ *Prix*.... Alfred *Barrier*, d'Epfig.
1ᵉʳ *Accessit*. Félix *Delaporte*, de Strasbourg.
2ᵉ *Accessit*.. Adrien de *Germiny*, de Strasbourg.
3ᵉ *Accessit*.. Emmanuel de *Chastellux*, de Haguenau.
4ᵉ *Accessit*.. Edmond *Fuchs*, de Colmar.

ARITHMÉTIQUE.

1ᵉʳ *Prix*... Emile *Loysel*, de Rennes.
2ᵉ *Prix*.... Alfred *Barrier*, d'Epfig.
1ᵉʳ *Accessit*. Edmond *Fuchs*, de Colmar.
2ᵉ *Accessit*.. Hippolyte *Wolff*, de Strasbourg.
3ᵉ *Accessit*.. Gustave *Leclerc*, de Strasbourg.
4ᵉ *Accessit*.. Camille *Vallée*, de Lille.

HISTOIRE.

1ᵉʳ *Prix*... Fortuné *Græff*, de Sélestat.
2ᵉ *Prix*.... Adrien de *Germiny*, de Strasbourg.
1ᵉʳ *Accessit*. Gustave *Leclerc*, de Strasbourg.
2ᵉ *Accessit*.. Alfred *Barrier*, d'Epfig.
3ᵉ *Accessit*.. Edmond *Fuchs*, de Colmar.
4ᵉ *Accessit*.. Emile *Loysel*, de Rennes.

HISTOIRE NATURELLE.

Prix...... Alfred *Barrier*, d'Epfig.
1er Accessit. Edmond *Fuchs*, de Colmar.
2e Accessit.. Gustave *Leclerc*, de Strasbourg.
3e Accessit.. Adrien de *Germiny*, de Strasbourg.
4e Accessit.. Camille *Vallée*, de Lille.

LANGUE ALLEMANDE.

1er Prix... Camille *Vallée*, de Lille.
2e Prix.... Julien *Ristelhueber*, de Saverne.
1er Accessit. Gustave *Leclerc*, de Strasbourg.
2e Accessit.. Alfred *Barrier*, d'Epfig.
3e Accessit.. Hippolyte *Wolff*, de Strasbourg.
4e Accessit.. Fortuné *Græff*, de Sélestat.

GRAMMAIRE. — PREMIÈRE ANNÉE.

LANGUE LATINE.

1er Prix... Julien *Ristelhueber*, de Saverne.
2e Prix.... Jérémie *Kastler*, de Müttersholz.
1er Accessit. Alexis *Mayer*, de Lützelhausen.
2e Accessit.. Charles *Doyen*, de Sélestat.
3e Accessit.. Auguste *Adam*, de Strasbourg.
4e Accessit.. François *Saus*, de Strasbourg.

LANGUE GRECQUE.

1er Prix... Alexis *Mayer*, de Lützelhausen.
2e Prix.... Julien *Ristelhueber*, de Saverne.
1er Accessit. Charles *Doyen*, de Sélestat.
2e Accessit.. Charles de *Comeau*, de Nancy.
3e Accessit.. François *Saus*, de Strasbourg.
4e Accessit.. Auguste *Adam*, de Strasbourg.

LANGUE FRANÇAISE.

Prix...... Auguste *Adam*, de Strasbourg.
1er *Accessit*. Alexis *Mayer*, de Lützelhausen.
2e *Accessit*.. Julien *Ristelhueber*, de Saverne.
3e *Accessit*.. Charles *Lambert*, de Lauterbourg.
4e *Accessit*.. Jérémie *Kastler*, de Müttersholz.

ARITHMÉTIQUE.

Prix...... Alexis *Mayer*, de Lützelhausen.
1er *Accessit*. Charles de *Comeau*, de Nancy.
2e *Accessit*.. Victor *Lauer*, de Strasbourg.
3e *Accessit*.. Jules *Gœrner*, de Strasbourg.
4e *Accessit*.. Charles *Doyen*, de Sélestat.

HISTOIRE.

1er *Prix*... Charles de *Comeau*, de Nancy.
2e *Prix*.... Charles *Lambert*, de Lauterbourg.
1er *Accessit*. Alexis *Mayer*, de Lützelhausen.
2e *Accessit*.. Julien *Ristelhueber*, de Saverne.
3e *Accessit*.. Léonce *Husson*, de Strasbourg.

HISTOIRE NATURELLE.

1er *Prix*... Victor *Lauer*, de Strasbourg.
2e *Prix*.... Jules *Castex*, de Strasbourg.
1er *Accessit*. Charles de *Comeau*, de Nancy.
2e *Accessit*.. Jérémie *Kastler*, de Müttersholz.
3e *Accessit*.. Alphonse *Schlosser*, d'Obernai.

DIVISION INFÉRIEURE.
EXCELLENCE.

1er *Prix*... Charles de *Rozières*, de Nancy.
2e *Prix*.... Édouard *Engelhardt*, de Strasbourg.

41

1ʳ *Accessit.* Hector de *Cibeins*, de Strasbourg.
2ᵉ *Accessit.*. Jules *Devillers*, de Molsheim.
3ᵉ *Accessit.*. Edmond *Mohler*, de Sainte-Marie-aux-Mines.
4ᵉ *Accessit.*. André *Du Hazier*, de Strasbourg.

GRAMMAIRE ÉLÉMENTAIRE.
LANGUE LATINE.

Prix . . . . . . Edmond *Mohler*, de Sainte-Marie-aux-Mines.
1ʳ *Accessit.* Hector de *Cibeins*, de Strasbourg.
2ᵉ *Accessit.*. Charles de *Rozieres*, de Nancy.
3ᵉ *Accessit.*. Julien *Heiligenthal*, de Strasbourg.
4ᵉ *Accessit.*. Adolphe *Schæffer*, de Rosheim.

LANGUE FRANÇAISE.

Prix . . . . . . Hector de *Cibeins*, de Strasbourg.
1ʳ *Accessit.* Edmond *Mohler*, de Sainte-Marie-aux-Mines.
2ᵉ *Accessit.*. Charles de *Rozieres*, de Nancy.
3ᵉ *Accessit.*. Charles *Picquart-Coulaux*, de Strasbourg.
4ᵉ *Accessit.*. Gaston de *Lacomble*, de Strasbourg.

ARITHMÉTIQUE.

Prix . . . . . . Charles de *Rozieres*, de Nancy.
1ʳ *Accessit.* Jules *Devillers*, de Molsheim.
2ᵉ *Accessit.*. Edmond *Mohler*, de Sainte-Marie-aux-Mines.
3ᵉ *Accessit.*. Hector de *Cibeins*, de Strasbourg.
4ᵉ *Accessit.*. Édouard *Engelhardt*, de Strasbourg.

HISTOIRE.

Prix . . . . . . Hector de *Cibeins*, de Strasbourg.
1ʳ *Accessit.* Edmond *Mohler*, de Sainte-Marie-aux-Mines.
2ᵉ *Accessit.*. Charles *Picquart-Coulaux*, de Strasbourg.
3ᵉ *Accessit.*. Gaston de *Lacomble*, de Strasbourg.
4ᵉ *Accessit.*. Julien *Heiligenthal*, de Strasbourg.

42

HISTOIRE NATURELLE.

Prix...... Julien *Heiligenthal*, de Strasbourg.
1er *Accessit*. Edmond *Mohler*, de Sainte-Marie-aux-Mines.
2e *Accessit*.. Louis *Somis*, de Saverne.
3e *Accessit*.. Jules *Devillers*, de Molsheim.
' *Accessit*.. Hector de *Cibeins*, de Strasbourg.

GÉOGRAPHIE.

Prix...... Charles *Picquart-Coulaux*, de Strasbourg.
1er *Accessit*. Gaston de *Lacomble*, de Strasbourg.
2e *Accessit*.. Edmond *Mohler*, de Sainte-Marie-aux-Mines.
3e *Accessit*.. Charles de *Rozières*, de Nancy.

LANGUE ALLEMANDE.

Prix...... Edmond *Mohler*, de Sainte-Marie-aux-Mines.
1er *Accessit*. Joseph *Schiffmacher*, d'Eschau.
2e *Accessit*.. André *Du Hazier*, de Strasbourg.
3e *Accessit*.. Jules *Devillers*, de Molsheim.
4e *Accessit*.. Édouard *Engelhardt*, de Strasbourg.

CLASSE PRÉPARATOIRE.

PRIX DE GRAMMAIRE.

1er *Prix*... Édouard *Engelhardt*, de Strasbourg.
2e *Prix*.... Jules *Devillers*, de Molsheim.
3e *Prix*.... André *Du Hazier*, de Strasbourg.
4e *Prix*.... Joseph *Schiffmacher*, d'Eschau.

PRIX D'APPLICATION.

1er *Prix*... Louis *Somis*, de Saverne.
2e *Prix*.... Charles *Le Clerc*, de Strasbourg.
3e *Prix*.... Hippolyte *Saglio*, de Strasbourg.

DESSIN. TÊTE.

1ᵉʳ *Prix*... Charles *Loysel*, de Rennes.
2ᵉ *Prix*.... Ernest *George*, d'Ensisheim.
3ᵉ *Prix*.... Eugène *Picard-Polti*, de Strasbourg.
1ᵉʳ *Accessit*. Émile *Loysel*, de Rennes.
2ᵉ *Accessit*.. Charles *Bein*, de Strasbourg.
3ᵉ *Accessit*.. Victor *Picard-Polti*, de Strasbourg.
4ᵉ *Accessit*.. Alexis *Mayer*, de Lützelhausen.

PAYSAGE. — PREMIÈRE SECTION.

1ᵉʳ *Prix*... Alfred *Debenesse*, de Strasbourg.
2ᵉ *Prix*.... Ernest *Le Clerc*, de Besançon.
3ᵉ *Prix*.... Alphonse *Germain*, de Réchicourt.
4ᵉ *Prix*.... Henri de *Comeau*, de Nancy.
1ᵉʳ *Accessit*. Charles *Gall*, de Strasbourg.
2ᵉ *Accessit*.. Gustave *Ostermann*, de Saverne.
3ᵉ *Accessit*.. Charles de *Comeau*, de Nancy.
4ᵉ *Accessit*.. Maurice *Jauch*, de Strasbourg.

PAYSAGE. — DEUXIÈME SECTION.

1ᵉʳ *Prix*... Jules *Devillers*, de Molsheim.
2ᵉ *Prix*.... Théodore *Castex*, de Strasbourg.
1ᵉʳ *Accessit*. Charles *Picquart-Coulaux*, de Strasbourg.
2ᵉ *Accessit*.. Edmond *Mohler*, de Sainte-Marie-aux-Mines.
3ᵉ *Accessit*.. André *Du Hazier*, de Strasbourg.

ÉCRITURE. — PREMIÈRE SECTION.

1ᵉʳ *Prix*... Émile *Loysel*, de Rennes.
2ᵉ *Prix*.... Amédée *Beissac*, de Lyon.
1ᵉʳ *Accessit*. Félix *Delaporte*, de Strasbourg.
2ᵉ *Accessit*.. Camille *Vallée*, de Lille.

3ᵉ *Accessit*.. Julien *Ristelhueber*, de Saverne.
4ᵉ *Accessit*.. Léonce *Husson*, de Strasbourg.
5ᵉ *Accessit*.. Charles de *Comeau*, de Nancy.

ÉCRITURE. — DEUXIÈME SECTION.

1ᵉʳ *Prix*... Jules *Devillers*, de Molsheim.
2ᵉ *Prix*.... Edmond *Mohler*, de Sainte-Marie-aux-Mines.
1ᵉʳ *Accessit*. Gaston de *Lacomble*, de Strasbourg.
2ᵉ *Accessit*.. Émile *Chabert*, de Bade.
3ᵉ *Accessit*.. Charles de *Rozieres*, de Nancy.
4ᵉ *Accessit*.. Édouard *Engelhardt*, de Strasbourg.
5ᵉ *Accessit*.. Charles *Le Clerc*, de Strasbourg.

GYMNASTIQUE.

Prix......
{ Joseph *Eckert*, de Wœrth.
Fortuné *Græff*, de Sélestat.
Charles de *Rozieres*, de Nancy.
Florian de *Lacomble*, de Strasbourg.

1ᵉʳ *Accessit*. Ernest *George*, d'Ensisheim.
2ᵉ *Accessit*.. Henri de *Comeau*, de Nancy.
3ᵉ *Accessit*.. Alphonse *Martha*, de Strasbourg.
4ᵉ *Accessit*.. Victor *Picard-Polti*, de Strasbourg.
5ᵉ *Accessit*.. Charles de *Comeau*, de Nancy.
6ᵉ *Accessit*.. Alexis *Mayer*, de Lützelhausen.
7ᵉ *Accessit*.. Édouard *Engelhardt*, de Strasbourg.

La rentrée des classes est fixée au lundi 14 octobre 1839.